BEI GRIN MACHT SICH IHR WISSEN BEZAHLT

Bibliografische Information der Deutschen Nationalbibliothek:

Die Deutsche Bibliothek verzeichnet diese Publikation in der Deutschen National-bibliografie; detaillierte bibliografische Daten sind im Internet über http://dnb.d-nb.de/ abrufbar.

Impressum:

Copyright © 2016 GRIN Verlag, Open Publishing GmbH
Druck und Bindung: Books on Demand GmbH, Norderstedt Germany
ISBN: 9783668264267

Dieses Buch bei GRIN:

http://www.grin.com/de/e-book/335465/entwicklung-eines-trainingsplans-fuer-einen-20-jaehrigen-studenten-diagnose

Luis Frielingsdorf

Entwicklung eines Trainingsplans für einen 20-jährigen Studenten. Diagnose, Krafttestung, Zielsetzung, Makrozyklus und Mesozyklus

GRIN Verlag

GRIN - Your knowledge has value

Der GRIN Verlag publiziert seit 1998 wissenschaftliche Arbeiten von Studenten, Hochschullehrern und anderen Akademikern als eBook und gedrucktes Buch. Die Verlagswebsite www.grin.com ist die ideale Plattform zur Veröffentlichung von Hausarbeiten, Abschlussarbeiten, wissenschaftlichen Aufsätzen, Dissertationen und Fachbüchern.

Besuchen Sie uns im Internet:

http://www.grin.com/

http://www.facebook.com/grincom

http://www.twitter.com/grin_com

Deutsche Hochschule für

Prävention und Gesundheitsmanagement

Hermann Neuberger Sportschule 3

66123 Saarbrücken

Einsendeaufgabe

Fachmodul:	Trainingslehre 1
Studiengang:	Fitnessökonomie
Datum	
Präsenzphase	**18.04.16-21.04.16**
Name, Vorname:	Frielingsdorf, Luis
Studienort:	**Köln**
Semester:	**WS 15/16**

Inhaltsverzeichnis

1 Lösung Aufgabe 1

1.1 Allgemeine Daten und biometrische Daten

Tabelle 1: Allgemeine Daten (eigene Darstellung)

Alter	20 Jahre
Geschlecht	Männlich
Körpergröße	181 cm
Körpergewicht	75 kg
Trainingsmotive	- Muskelaufbau - Gewichtszunahme - Verbesserung des äußeren Erscheinungsbildes - Ausgleich zu überwiegend sitzenden Tätigkeiten - Gewichtsreduktion - Kraftaufbau
Berufliche Tätigkeit	Student (überwiegend sitzend, keine körperliche Arbeit)
Aktuelle sportliche Aktivitäten	Krafttraining (seit 4 Wochen)
- Leistungsumfang	- einmal pro Woche (ca. 45 min , leichte Intensität)
- Leistungsstufe	- Anfänger
Frühere sportliche Aktivitäten	Fußball in der Jugendmannschaft
- Leistungsumfang	- zweimal pro Woche (jeweils ca. 60 min , mittlere Intensität)
- Leistungsstufe	- Breitensport
Zeitlicher Verfügungsrahmen	3 Mal pro Woche für ca. 90 min pro Trainingseinheit

Tabelle 2: Biometrische Daten (eigene Darstellung)

Blutdruck: 120/80	Norm: 120/80	Bewertung:Optimal

Die gemessenen Blutdruckwerte der Testperson stimmen genau mit dem Normwert überein. Dieser liegt bei <120 mmHg systolisch sowie 80 mmHg diastolisch. Daher liegt der Blutdruck im optimalen Bereich.

Tabelle 3: Blutdruckklassifikation der American Heart Association (modifziert nach Mancia et al., 2013, S. 1286)

Bewertung	Systolisch	Diastolisch
Optimal	< 120 mmHg	< 80 mmHg
Normal	< 130 mmHg	< 85 mmHg
Hochnormal	130 bis 139 mmHg	85 bis 89 mmHg
Hypertonie Stufe 1	140-159 mmHg	90-99 mmHg
Hypertonie Stufe 2	160-179 mmHg	100-109 mmHg
Hypertonie Stufe 3	> 180 mmHg	> 110mmHg

Tabelle 4: Allgemeiner Gesundheitszustand (eigene Darstellung)

Orthopädische Probleme	Keine
Internistische Probleme	Keine
Ärztliche Behandlung	Nein
Einnahme von Medikamenten	Nein
Sonstige gesundheitliche Einschränkungen	Nein

Zusammenfassend lässt sich sagen, dass sich die Person als sehr belastbar und gut trainierbar einstufen lässt, da sie beschwerdefrei ist, ihr Blutdruck im Normbereich liegt und keine sonstigen Einschränkungen vorliegen.

1.2 Krafttestung

Zur Krafttestung wurde der Mehrwiederholungstest (X-RM-Test) hinzugezogen. Ziel des Tests ist die Messung des Gewichts, das bei einer bestimmten Wiederholungsanzahl maximal bewältigt werden kann. Die Wiederholungsanzahl wird im Vorfeld definiert und ist identisch mit der Anzahl von Wiederholungen, mit der im folgenden Mesozyklus ausgehend vom Trainingsziel trainiert werden soll (Strack & Eifler, 2005).

Das Ziel des ersten Mesozyklus ist die Kraftausdauer. Daher wird im Mehrwiederholungskrafttest das maximale Gewicht ermittelt, welches der Proband in der Lage ist, bei einer Anzahl von 20 Wiederholungen zu bewältigen. Anhand der Ergebnisse lassen sich bestimmte Intensitäten für das Training ableiten.

Eine Krafttestung anhand des 1-RM-Test lässt sich aufgrund des aktuellen Leistungsstands der Person ausschließen, da es sich um einen Trainingsanfänger handelt. Es hat zwar bereits eine Eingewöhnungsphase stattgefunden aber „Insbesondere im fitnessorientierten Krafttraining für Anfänger ist es angebracht, allein schon aus Gründen der internistischen und orthopädischen Belastung auf 1-RM-Tests (…) zu verzichten" (Haupert, Dissertation 2007, S. 68).

Der erste Krafttest wird an einem Mittwoch morgen um 11:00 stattfinden. Dies hat den Grund da die Person es präferiert ihre Trainingseinheiten um diesen Zeitpunkt zu absolvieren. In Zukunft folgende Re-Test können also immer zur gleichen Uhrzeit und unter möglichst gleichen Rahmenbedingungen stattfinden.

Zu Beginn des Krafttests findet ein allgemeines Aufwärmen statt, welches sich auf etwa 10 Minuten bei niedriger bis mittlerer Intensität beläuft. Ziel ist es, die Körpertemperatur und die Durchblutung zu erhöhen. Als Gerät eignet sich der Cross Trainer, da dieser sowohl den Unterkörper als auch den Oberkörper auf die bevorstehende Belastung vorbereitet.

Auf das allgemeine Aufwärmen erfolgt ein spezieller Aufwärmteil. Dieser dient besonders dazu, die Muskelgruppen und Gelenke, welche in der folgenden Belastung beteiligt sind, zu aktivieren und gezielt zu erwärmen. Zu beachten ist, dass beim speziellen Aufwärmen mit niedriger Intensität gearbeitet wird, da die Muskulatur lediglich auf die Belastung vorbereitet und nicht vorermüdet werden soll. Es werden also ein bis zwei Aufwärmsätze mit zB. 50% des Arbeitsgewichts mit ca. 15-20 Wiederholungen absolviert.

Tabelle 5: Methodischer Ablauf eines Mehrwiederholungskrafttests zur Ermittlung des 12 RM (Testablaufschema nach Zimmer, 1999, S. 45-47)

Schritt 1	Allgemeines und spezielles Aufwärmen
Schritt 2	1. Testsatz:

Übung	Männer	Frauen
Lat-Zug	30% des Körpergewichts	20% des Körpergewichts
Bankdrücken	50% des Körpergewichts	30% des Körpergewichts
Beinpresse	125% des Körpergewichts	100% des Körpergewichts

Schritt 3	Ggf. 2. und 3. Testsatz (Pause jeweils 3 Minuten): Erhöhung des Gewichts um 5 %, 10 % oder 25 % je nach subjektivem Belastungsempfinden der Person
Schritt 4	Umsetzung des Testergebnisses in die Trainingsplanung

Tabelle 6: Testendergebnisse für alle Testübungen (eigene Darstellung)

Testübung	WH	1- Testsatz	2.Testsatz	3. Testsatz	Ergebnis
Beinpresse horizontal sitzend	20	40 kg	50 kg	-	50 kg
Brustpresse sitzend	20	20 kg	25 kg	30 kg	30 kg
Zug vertikal weit zur Brust am Kabelzug	20	25 kg	30 kg	35 kg	35 kg
Butterfly	20	15 kg	-	-	15kg
Reverse Butterfly	20	15 kg	25 kg	-	20 kg
Rumpfextension an der Maschine	20	15 kg	20 kg	-	20 kg
Rumpfbeugen an der Bauchmaschine	20	20 kg	-	-	20 kg

Möglichkeit des Norm- bzw. Referenzwertvergleichs?

Es ist nicht möglich die individuelle Leistung der Testperson mit Normwerten zu vergleichen, da die individuelle Leistungsfähigkeit von zu vielen internen und externen Faktoren abhängig ist, was eine konkrete Nennung von Normwerten nicht möglich macht.

Möglichkeit der Dokumentation der Leistungsentwicklung?

Eine Dokumentation der Leistungsentwicklung ist nur innerhalb eines Re-Test feststellbar, der unter exakt den gleichen Rahmenbedingungen durchgeführt wird.

Möglichkeit der Ableitung für Trainingsintensitäten?

Da der Test mit der gleichen Wiederholungsanzahl absolviert wurde, mit der im ersten Mesozyklus trainiert werden soll, lassen sich exakte Trainingsintensitäten ableiten

Beispiel:

Brustpresse sitzend : 30kg = 100 % (X-RM-Test)

Intensität (1. Mesozyklus 60 % ILB) :

30kg / 100 = 0,3 kg

0,3kg x 60 = 18 kg

Bei einer Intensität von 60 % nach der ILB-Methode müsste mit 18kg trainiert werden.

2 Lösung Aufgabe 2

Tabelle 7: Zielsetzung / Prognose (eigene Darstellung)

Inhalt: Aufbau von Muskelmasse	Ausmaß: 3 kg			Zeit: 4 Monate
Inhalt: Gewichtsreduktion	Ausmaß: 2 kg			Zeit: 2 Monate
Inhalt: Kraftsteigerung in einem Mehrwiederholungskrafttest (20 Wiederholungen), Übung: Beinpresse horizontal sitzend , Brustpresse sitzend und Zug vertikal weit zur Brust am Kabelzug	Ausmaß: 20%			Zeit: 3 Monate
	Übung	Ist-Wert	Soll-Wert	
	Beinpresse	50 kg	60 kg	
	Brustpresse	30 kg	36 kg	
	Zug zur Brust	35 kg	42 kg	

Aus den dargestellten Trainingsmotiven der Person, geht hervor, das ein Primärziel eine Verbesserung des äußeren Erscheinungsbildes ist. Dieses Ziel lässt sich einerseits durch den Aufbau von Muskelmasse und andererseits durch eine Reduktion des Körpergewichts bzw. Körperfettanteil erreichen. Da diese beiden Prozesse nicht gleichzeitig stattfinden können, wird die Zielsetzung in den ersten vier Monaten ein Aufbau von Muskelmasse und in den darauffolgenden zwei Monaten eine Reduktion des Gewichts sein. Des weiteren hatte der Proband den Wunsch, seine Kraftleistungen zu verbessern. Dementsprechend wird eine Kraftsteigerung in einem Mehrwiederholungskrafttest bei drei verschiedenen Übungen angestrebt. Da die Person keinerlei Einschränkungen hat und somit optimale gesundheitliche Voraussetzungen hat, sind all diese Zielsetzungen realisierbar.

3   Lösung Aufgabe 3

Tabelle 8: Trainingsplanung Makrozyklus (eigene Darstellung)

	Mesozyklus 1	Mesozyklus 2	Mesozyklus 3	Mesozyklus 4
Dauer	6 Wochen	4 Wochen	8 Wochen	8 Wochen
Trainingsschwerpunkt	Kraftausdauer - extensiv	Übergangsphase	Muskelaufbau – extensiv	Muskelaufbau - intensiv
Trainingshäufigkeit	2	2	3	3
Organisationsform	GK / Station	GK / Station	GK / Station	GK / Station
Übungen pro Muskel	1 – 2	1 – 2	1 – 2	1 – 2
Sätze pro Übung	2	2	2	3
Wiederholungen	20	15	12	8
Intensität	50% ILB	60% ILB	70% ILB	80% ILB
Satzpausen	30 Sek.	30 Sek.	60 Sek.	60 Sek.
Bewegungstempo	2/0/2	2/0/2	2/0/2	2/0/2

GK = Ganzkörper

Station = Stationstraining

Bewegungstempo = Dauer der exzentrischen Bewegung / Dauer der statischen Bewegung / Dauer der konzentrischen Bewegung

Im Bereich des Krafttrainings lässt sich der Proband als Trainingsbeginner einstufen. Als Trainingsmethodik wurde die ILB-Methode ausgewählt. Die jeweiligen Trainingsintensitäten werden anhand der Ergebnisse eines X-RM-Test bestimmt.

Aufgrund der Trainingsmotive und den daraus abgeleiteten Zielen liegt der Schwerpunkt auf einem Muskelaufbautraining.

Außerdem wird eine Block- bzw. lineare Periodisierung verwendet, bei der das Belastungsvolumen kontinuierlich abnimmt während die Belastungsintensität linear ansteigt (Fröhlich, Müller, Schmidtbleicher und Emrich, 2009, S. 308).

Somit startet der Makrozyklus mit einem umfangsorientierten Krafttraining, bei dem der Trainingsschwerpunkt auf der Kraftausdauer liegt. Ziel des umfangsorientierten Trainingszyklus ist es, den anaerob-laktaziden Muskelstoffwechsel zu verbessern und zu ökonomisieren. In der darauffolgenden Übergangsphase soll die Person an höhere Krafttrainingsintensitäten gewöhnt werden. Nach der Übergangsphase wird der Fokus auf Muskelhypertrophie gelegt, indem es zu zwei intensitätsorientierten Mesozyklen mit dem Ziel Muskelaufbau kommt. Da der Aufbau von Muskulatur ein Primärziel des Probanden ist, wurde außerdem die Dauer der beiden Mesozyklen auf acht Wochen angesetzt. Auf ein Maximalkrafttraining wird zunächst aufgrund der mangelnden Trainingserfahrung verzichtet.

Die Trainingshäufigkeit liegt bei zwei bis drei Einheiten pro Woche. Wirth, Atzor und Schmidtbleicher (2007, S. 180) konnten feststellen, dass bei Trainingsanfänger (in dieser Studie mit einer Trainingserfahrung von mindestens sechs Monaten) bereits eine Krafttrainingseinheit pro Woche zu nennenswerten Zuwächsen in der Muskulatur führte.

Durch das Absolvieren von zwei oder drei Trainingseinheiten pro Woche konnten jedoch deutlich bessere Ergebnisse erzielt werden. Des weiteren passt eine Trainingshäufigkeit von zwei bis dreimal pro Woche in das Zeitkontingent des Probanden.

Außerdem sollen jeweils ein bis zwei Übungen pro Muskel mit jeweils zwei bis drei Sätzen absolviert werden. Vorteile eines Mehrsatztrainings sowohl für Trainingsanfänger als auch für Fortgeschrittene konnten durch verschiedene Metaanalysen aufgezeigt werden (zB. Peterson et. al., 2004).

In der selben Studie wurden unterschiedliche Satzzahlen und deren Wirkung untersucht. Die Metaanalyse zeigte, dass die höchste Effektstärke bei durchschnittlich fünf Sätzen pro Muskelgruppe erreicht werden konnte.

Die Intensitäten der jeweiligen Mesozyklen werden progressiv von 50 % auf 80 % gesteigert. Nach Güllich und Schmidtbleicher (1999, S. 226) können nur dann signifikante Effekte ausgelöst werden, wenn Trainingsintensitäten im Krafttraining sich auf mindestens 50 % der individuellen Maximalkraft belaufen. Die Trainingsintensitäten wurden bewusst so gewählt, dass es zu keiner muskulären Ausbelastung kommt. Solch eine Ausbelastung wird im Freizeit- und Gesundheitssport sowie für das rehabilitative Krafttraining tendenziell eher kritisch betrachtet aufgrund der kardiovaskulären oder orthopädischen Risiken (Buskies, 1999, S. 319). Unter anderem konnte festgestellt werden, dass auch ein submaximales, sanftes Krafttraining zu nennenswerten Veränderungen der Körperkomposition und zur Kraftsteigerung führte (Buskies, 1999, S. 318).

Der Person ist es möglich, pro Woche drei Trainingseinheiten mit einer Dauer von ca. 90 Minuten zu absolvieren. Daher wurde ein Ganzkörpertraining als Organisationsform ausgewählt, da es das Ziel sein sollte, jeden Muskel mindestens zweimal pro Woche zu trainieren. Dies wäre innerhalb eines Split Trainings aufgrund des eingeschränkten Zeitkontingents nicht möglich. Das Ganzkörpertraining wird in Kombination mit einem Stationstraining absolviert. Ein Krafttraining an Stationen bietet sich an, da ein Mehrsatztraining geplant ist und es so zu einer intensiveren Muskelermüdung durch die aufeinanderfolgenden Sätze führt.

4 Lösung Aufgabe 4

Tabelle 9: Darstellung Mesozyklus 1 (eigene Darstellung)

	Mesozyklus 1
Dauer	6 Wochen
Trainingsschwerpunkt	Kraftausdauer - extensiv
Trainingshäufigkeit	2
Organisationsform	GK / Station
Übungen pro Muskel	1 – 2
Sätze pro Übung	2
Wiederholungen	20
Intensität	50% ILB
Satzpausen	30 Sek.
Bewegungstempo	2/0/2

Tabelle 10: Mesozyklusplanung mit einem Ganzkörpertraining (eigene Darstellung)

Woche 1	Montag	Dienstag	Mittwoch	Donnerstag	Freitag	Samstag	Sonntag
	-	-	-	GK	-	-	GK
Woche 2	Montag	Dienstag	Mittwoch	Donnerstag	Freitag	Samstag	Sonntag
	-	-	GK	-	-	GK	-
Woche 3	Montag	Dienstag	Mittwoch	Donnerstag	Freitag	Samstag	Sonntag
	-	GK	-	-	GK	-	-
Woche 4	Montag	Dienstag	Mittwoch	Donnerstag	Freitag	Samstag	Sonntag
	GK	-	-	GK	-	-	-
Woche 5	Montag	Dienstag	Mittwoch	Donnerstag	Freitag	Samstag	Sonntag
	-	GK	-	-	-	GK	-
Woche 6	Montag	Dienstag	Mittwoch	Donnerstag	Freitag	Samstag	Sonntag

	-	-	GK	-	-	-	GK

Tabelle 11: Übungsauswahl (eigene Darstellung)

Übungen	WH	Sätze	Satzpausen
Beinpresse horizontal sitzend	20	2	30 Sek.
Brustpresse sitzend	20	2	30 Sek.
Zug vertikal weit zur Brust am Kabelzug	20	2	30 Sek.
Butterfly	20	2	30 Sek.
Reverse Butterfly	20	2	30 Sek.
Rumpfextension an der Maschine	20	2	30 Sek.
Rumpfbeugen an der Bauchmaschine	20	2	30 Sek.

Im ersten Mesozyklus werden nur Krafttrainingsübungen an Maschinen eingesetzt. Diese haben den Vorteil, dass koordinative Prozesse einen geringeren Einfluss auf die Kraftleistung haben und eine geringe Übungsvarianz vorliegt, wodurch es zu weniger Fehlerbildern in der Übungsausführung kommt. Außerdem gibt es innerhalb der Übungsausführung eine exakte Standardisierung (Baechle et al., 2008, S. 387).

Des weiteren wurde ein Großteil mehrgelenkiger Übungen integriert, da deren Bewegungsanforderungen besser auf Alltag und Beruf übertragbar sind sowie die intermuskuläre Koordination und Beweglichkeit verbessert wird (Hois & Ziegner, 2006).

Nach Baechle et al. (2008, S. 391) sollte die Übungsreihenfolge so strukturiert werden, dass zuerst mehrgelenkige Übungen für große Muskelgruppen durchgeführt werden sollen. Erst im weiteren Verlauf des Trainings sollen eingelenkige Übungen für kleinere Muskelgruppen eingebunden werden. Der Aspekt der Komplexität besagt ebenfalls, dass mehrgelenkige Übungen vor eingelenkigen Übungen ausgeführt werden sollten, da es vermieden werden sollte, die Synergisten vorzuermüden (Bompa & Carrera, 2005, S.69).

Die Übung Beinpresse horizontal sitzend wurde ausgewählt, um die komplette Bein-muskulatur zu trainieren. Diese Übung eignet sich sehr gut für Anfänger, da es sich um eine geführte Bewegung handelt, die nur eine geringe Belastung für die Wirbelsäule darstellt. Außerdem wirken physiologische und alltagsnahe Belastungen auf das Kniege-lenk.

Auf die Beinpresse folgt die Übung Brustpresse sitzend. Hier wird die gesamte Brust-muskulatur trainiert. Die Übung ist für Anfänger geeignet, da die Bewegung ebenfalls geführt ist.

Der Zug vertikal weit zur Brust am Kabelzug beansprucht primär den M. latissimus dor-si. Die Übung ist aufgrund der Bewegung im Ellbogen- und Schultergelenk sehr kom-plex. Durch die stabile Sitzposition ist sie gut für Anfänger geeignet. Wichtig ist es je-doch, den Oberkörper dauerhaft fixiert zu halten.

Durch die Übung Butterfly ist eine Isolation der Brustmuskulatur möglich. Aufgrund der geführten Bewegung lässt die Übung sich als sehr anfängerfreundlich charakterisie-ren.

Es folgt der Reverse Butterfly, welcher den M. latissimus dorsi, den M. teres major, den M.trapezius pars transversa, die Mm. rhomboidei und den M. deltoideus pars spinata beansprucht. Die Stabilisation durch das Brustpolster und die geführte Bewegung ma-chen den Reverse Butterfly zu einer für Anfänger geeignete Übung.

Die Rumpfextension an der Maschine wurde ausgewählt, um den Rückenstrecker dyna-misch zu trainieren. Die Übung ist für den Probanden geeignet, da keine großen koordi-nativen Fähigkeiten vorausgesetzt werden, da auch hier der Bewegungsablauf vorgege-ben ist.

Das Training wird durch Rumpfbeugen an der Bauchmaschine abgeschlossen. Hier wer-den der gerade Bauchmuskel, der äußere und innere schräge Bauchmuskel und der quer verlaufende Bauchmuskel belastet. Die Übung eignet sich, da die Belastung durch die Zusatzgewichte genauer dosiert und die Intensität genau gesteuert werden kann.

5   Lösung Aufgabe 5

Effekte des Krafttrainings bei Diabetes mellitus Typ-2

Tabelle 12: Effekte des Krafttrainings bei Diabetes mellitus Typ-2 (eigene Darstellung)

Wer hat die Studie geführt?	In welchem Jahr wurde die Studie publiziert?	Mit welchen Versuchspersonen wurde die Studie publiziert	Wie sah der Versuchsaufbau der Studien aus?	Welche relevanten Ergebnisse und Schlussfolgerungen lieferten die Studien?
Carmen Castaneda, MD, PHD, Jennifer E. Layne, MS, Leda Munoz-Orians, BS, Patricia L. Gordon, RN, PHD, Joseph Walsmith, MA, Mona Foldvari, MS, Ronenn Roubenoff, MD, MHS, Katherine L. Tucker, PHD and Miriam E. Nelson, PHD	2002 (Dezember)	-62 Amerikaner mit lateinamerikanischer Herkunft (40 Frauen und 22 Männer) im Alter von 65 Jahren und älter und Diabetes mellitus Typ-2	Die Versuchspersonen praktizierten Krafttraining unter Aufsicht und über ein Zeitraum von 16 Wochen	Krafttraining verbessert die Blutzuckerkontrolle, die fettfreie Körpermasse und Muskelkraft. Zusätzlich wurde der Bedarf von Diabetes Medikamenten und der systolische Blutdruck verringert
David W. Dunstan, PHD1, Robin M. Daly, PHD2, Neville Owen, PHD3, Damien Jolley, MSC2, Maximilian de Courten, MD1, Jonathan Shaw, MD1 and Paul Zimmet, PHD1	2002 (Oktober)	-übergewichtige Männer und Frauen zwischen 60 und 80 Jahren mit Diabetes mellitus Typ-2 und überwiegend sitzenden Tätigkeiten	Die Versuchspersonen führten ein progressives Krafttraining mit hoher Intensität plus eine moderate Gewichtsabnahme durch. Labormessungen wurden nach jeweils 0, 3 und 6 Monaten durchgeführt	Es kam zur Verbesserung Blutzuckerkontrolle, Muskelkraft und fettfreier Körpermasse. Progressives Krafttraining mit hoher Intensität plus eine moderate Gewichtsabnahme stellt sich als eine sehr effektive Methode für ältere Patienten mit Diabetes mellitus Typ-2 heraus

6 Literaturverzeichnis

Baechle, T. R., Earle, R. W. & Wathen, D. (2008). Resistance training. In T. R. Baechle & R. W. Earle (eds.), *Essentials of strength training and conditioning* (3. ed.) (pp. 381-412). Champaign, IL: Human Kinetics.

Buskies, W. (1999). Sanftes Krafttraining nach dem subjektiven Belastungsempfinden versus Training bis zur muskulären Ausbelastung. *Deutsche Zeitschrift für Sportmedizin, 50* (10), 316-320

Bompa, T. O. & Carrera, M. C. (2005). *Periodization training for sports. Science-based strength and conditioning plans for 20 sports* (2. ed.). Champaign, IL: Human Kinetics.

Castaneda,C, Layne,JE, Munoz-Orians,L, Gordon,PL, Walsmith,J, Foldvari,M, Roubenoff,R, Tucker,KL, Nelson,ME: A randomized controlled trial of resistance exercise training to improve glycemic control in older adults with type 2 diabetes. Diabetes Care 25:2335-2341, 2002

Dunstan D W, Daly R M, Owen N, Jolley D, de Courten M, Shaw J, Zimmet P. High-intensity resistance training improves glycemic control in older patients with type 2 diabetes. Diabetes Care. 2002; 25 1729-1736

Güllich, A. & Schmidtbleicher, D. (1999). Struktur der Kraftfähigkeiten und ihrer Trainingsmethoden. *Deutsche Zeitschrift für Sportmedizin, 50* (7+8), 223-234.

Haupert, M. (2007). Zur Belastungsbestimmung im fitnessorientierten Krafttraining: eine explorative Studie zur Methodik. Unveröffentlichte Diplomarbeit, Universität des Saarlandes, Saarbrücken.

Hois, G. & Ziegner, A. (2006): Grundlagen des mehrgelenkigen Trainings in Theorie und Praxis. *Bewegungstherapie und Gesundheitssport, 22*, 18-25.

Mancia, G., Fagard, R., Narkiewicz, K., Redón, J., Zanchetti, A., Böhm, M. Et al. (2013). 2013 ESH/ESC Guidelines for the management of arterial hypertension of the European Society of Hypertension (ESH) and of the European Society of Cardiology (ESC). *Journal of Hypertension, 31* (7), 1281-1357

Peterson, M. D. (2010). Resistance exercise for sarcopenic outcomes and muscular fitness in aging adults. *Strength and Conditioning Journal, 32* (3), 52-63.

Peterson, M. D., Dodd, D. J., Alvar, B. A., Rhea, M. R., Matthew, R. & Favre, M. (2008). Undulating training for development of hierarchical fitness and improved firefigther job performance. *Journal of Strength and Conditioning Research, 22* (5), 1683-1695.

Peterson, M. D., Rhea, M. R. & Alvar, B. A. (2004). Maximizing strength development in athletes: A meta-analysis to determine the dose-response relationship. *Journal of Strength and Conditioning Research, 18* (2), 377-382.

Peterson, M. D., Sen, A. & Gordon, P. M. (2011). Influence of resistance exercise on lean body mass in aging adults: A meta-analysis. Medicine and Science in Sports and Exercise, 43 (2), 249-258.

Peterson, M. D., Rhea, M. R. & Alvar, B.A. (2005). Application of the doseresponse for muscular strenght developement: a review of metaanalytic efficiaty and reliability for designing training prescription. *Journal of Strength and Conditioning Research, 19* (4), 950-958.

Strack, A. & Eifler, C. (2005). The individual lifting performance method (ILP)- a practical method for fitness- and recreational strenght training. In J. Gießing, M.Fröhlich &

P. Preuss (eds.), *Current Results of Strength Training Research* (pp. 153-163). Göttingen: Cuvillier

Wirth, K., Atzor, K. R. & Schmidtbleicher, D. (2007). Veränderung der Muskelmasse in Abhängigkeit von Trainingshäufigkeit und Leistungsniveau. *Deutsche Zeitschrift für Sportmedizin, 58* (6), 178-183.

Zimmer, M. (1999). Entwicklung und Erprobung eines Mehrwiederholungskrafttests zur Erfassung der Kraftleistung im Fitneß-Training. Diplomarbeit, Universität des Saarlandes. Saarbrücken.

7   Tabellenverzeichnis